평범한 우리 어린이들을 다음 세대
위인으로 만들어 줄 교과서 위인 이야기!
효리원의 교과서 위인 이야기는 초등학고
교과 과정에 나오는 국내외 위인들을, 우리나라
최고 아동 문학가 53인이 재미있게 동화로 구성했습니다.
지혜와 용기로 위대한 삶을 산 위인들의 이야기는,
어린이들의 마음속에 '나도 할 수 있다.'는
희망의 씨앗을 심어 줄 것입니다!

일러두기

1. 띄어쓰기와 맞춤법 : 초등학교 국어 교과서와 국립국어원의 『표준국어대사전』을 기준으로 하였습니다.

2. 외래어 지명과 인명 : 국립국어원의 『외래어 표기 용례집』을 기준으로 하였습니다.

3. 이해가 어려운 단어 : ( ) 안에 뜻풀이를 하였습니다.

4. 작가 연보 : 연도와 함께 나이를 표기하고, 업적을 간략히 소개하였습니다. 우리나라 위인은 태어난 해를 한 살로 하였고, 외국 위인은 만 나이를 한 살로 하였습니다. 정확한 자료가 없는 위인은 연도와 업적만을 나타냈습니다.

5. 내용 구성 : 위인의 삶은 역사적 자료를 바탕으로 최대한 사실적으로 구성하였습니다. 그러나 읽는 재미를 위해 대화 글이나 배경 묘사, 인물의 감정 표현 등에 작가의 상상력을 가미하였습니다.

6. 그림 구성 : 문헌을 바탕으로 위인이 살던 시대를 충실히 나타내도록 하되 복식의 색상이나 장식, 소품, 건물 등은 작가의 상상으로 그렸습니다.

7. 내용 감수 : 각 분야의 전문가들로 구성된 편집 위원들이 꼼꼼히 감수를 하였습니다.

편집 위원

김용만(우리역사문화연구소장)
교과서에서 만나는 위인들을 중심으로 일화와 함께 그림과 사진을 곁들여 지루하지 않게 읽을 수 있습니다. 술술 읽다 보면 학교 공부에도 많은 도움이 될 것입니다.

신현득(동시인, 전 새싹회 회장)
우리가 자주 듣고 접하는 역사 속 실존 인물들이 자신의 꿈을 이루기 위해 어떻게 노력했는지 깨달아 가면서 우리 어린이들은 한층 더 성숙해질 것입니다.

윤재운(동북아역사재단 연구 위원)
위인전을 읽으면서 어린이들은 시대를 넘어 간접 체험을 할 수 있습니다. 어떻게 살아야 하는지 인생에 대한 동기 부여와 함께 삶이 보다 풍요로워질 것입니다.

이은경(철학 박사, 전북과학대 유아교육학과 교수)
한 사람의 인격과 품성은 어릴 때 형성됩니다. 따라서 초등학교 저학년 때 어떤 책을 읽느냐에 따라 생각의 크기가 달라집니다. 어린이의 미래를 위해 이 책은 꼭 읽어야 합니다.

이창열(하버드 물리학 박사, 전 국가과학기술자문회의 전문 위원)
세상을 바꾼 위대한 인물의 이야기는 어린이의 인성 및 감성 발달에 큰 영향을 미칠 뿐 아니라 실험 정신과 개척 정신을 길러 줍니다. 용기와 지혜로 세상을 헤쳐 나가는 당당한 어린이를 꿈꾼다면 이 책은 꼭 한번 읽어 보아야 합니다.

정재도(한글학자)
위인으로 일컬어지는 이들은 어떤 생각을 하고, 어떤 삶을 살았을까요? 그들의 흔적을 담은 위인전은 복잡한 현대를 이끌어 갈 우리 어린이들에게 나침반과 같은 역할을 할 것입니다.

조수철(서울대학교 의과대학 소아정신과 교수)
위인전은 시대와 신분, 업적이 다른 위인들의 삶이 다양하고 흥미롭게 구성되어 있어 손쉽게 여러 삶의 모습을 만날 수 있습니다. 용기 있게 고난을 헤쳐 나간 위인의 이야기를 통해 삶의 지혜를 배울 수 있을 것입니다.

어린이날을 만든
어린이들의 영원한 아버지
방 정 환

유효진 글 / 장종균 그림

 효 리 원
hyoreewon.com

　　방정환은 어렵고 힘든 시절을 슬기롭게 잘 이겨 낸 분입니다. 할아버지의 가게가 어려워진 까닭에 아홉 살 때부터 굶주림에 시달리기도 했습니다. 하지만 방정환은 그 시절을 잘 견디고 나라의 큰 일꾼이 되었습니다.

　　이 책에서는 첫째, 방정환이 어떻게 그 시절을 견뎌 나갔으며, 힘든 상황을 극복했는지 생각하게 해야 합니다. 오늘을 사는 적지 않은 젊은이들이, 잘살다가 생활이 빈곤해지면 금세 주저앉으려는 경향이 있습니다. 그들은 학업을 그만두고 꿈을 포기해 버립니다. 그러나 방정환은 힘들수록 희망을 가졌고, 미래를 위해 남들보다 앞서 생각한 사람입니다.

　　둘째, 옳지 않은 일에는 왜 타협을 해서는 안 되는지 인지시킬 필요가 있습니다. 일제의 탄압이 극심할 때는 늘 형사들이 감시하며 따라다녔으나 그는 두려워하지 않았고, 옳지 않은 일에는 타협

하지 않았습니다. 감시하는 형사들을 눈엣가시처럼 여기면서도 그는 따뜻한 차 한 잔을 대접하는 여유로움을 보였습니다.

셋째, 남을 배려하고 인정을 베푸는 것이 참 덕목임을 알게 해야겠습니다. 어린 시절 방정환은 형편이 넉넉지 않은 친구들과 먹을거리를 나눠 먹는 인정을 베풀었는데, 그런 여유로움과 인정이 훗날 그를 더 빛나게 했습니다. 나보다 남을 더 생각하는 사람은 악을 행하지 않으며, 선을 행하는 사람은 남들에게 절대 손가락질을 받지 않습니다.

넷째, 부정적인 생각보다 긍정적으로 생각하는 자세가 살아가는 데 활력소임을 알게 해야 합니다. 사람이 잘되고 못되는 것은 마음먹기에 달렸다고 합니다. 좋게 생각하면 잘 풀리고, 나쁘게 생각하면 잘될 만한 일도 어그러지게 마련입니다. 방정환은 계획한 것을 매사에 긍정적으로 생각하며 차분히 밀고 나갔습니다. 긍정적으로 생각하고 밝게 살아가는 것은 삶에 있어서 아주 중요한 덕목 가운데 하나입니다.

머리말

방정환은 어린이들을 무척 사랑했던 아동 문학가이자 어린이 문화 운동가입니다. 일본에 우리나라를 빼앗겼을 때 나라를 찾고자 고생을 많이 한 분이기도 합니다.

방정환은 어린 시절 너무나 가난해서 밥을 굶을 때가 많았습니다. 그러나 참고 견디며 공부에 열중했습니다. 도시락을 싸 가지 못했을 때에는 화장실 뒤에 나가 혼자 앉아 있었습니다.

얼마나 배가 고팠을까요? 그렇지만 끝까지 견디고 노력하며 열심히 공부했습니다. 어른이 된 뒤에는 우리나라 어린이들을 위하여 밤낮으로 고민하며 뛰어다녔습니다. '어린이'라는 말을 처음 썼고, '어린이날'도 만들었습니다. 이처럼 어린이를 사랑한 방정환 선생님께 보답하기 위해 우리는 밝고 명랑하게 자라야 합니다.

글쓴이 유효진

차 례

쌀가겟집 손자

1899년의 어느 날이었습니다. 서울 당주동에 있는 한 가겟 방에는 두 사람이 초조한 얼굴빛으로 앉아 있었습니다. 아버지와 아들 방경수였습니다.

"왜 이렇게 시간이 걸린단 말이냐! 또 딸을 낳으면 안 되는데……."

"이번엔 틀림없이 아들을 낳을 겁니다. 걱정 마십시오, 아버님!"

"첫딸은 살림 밑천이니까 괜찮다만, 둘째도 역시 딸이라면

방정환 동상 | 일생 동안 어린이를 위해 헌신한 방정환 동상으로, 서울특별시 광진구 능동 어린이 대공원에 있습니다.

어쩌누?"

그때 저만치 안채에서 아기 울음소리가 우렁차게 들려왔습니다.

"아이고, 이제야 낳았구나! 낳았어!"

아버지가 벌떡 일어나 소리치더니 안채로 향했습니다.

"호호호, 아들입니다, 아들. 손자예요, 손자!"

아이를 받은 산파가 안채에서 나오며 소리쳤습니다.

"그래요? 수고 많았소! 하하하."

이제 막 손자를 본 할아버지는 어깨춤까지 덩실거리며 연방 웃었습니다.

“얘, 아범아. 이름을 정환이라 하면 어떠냐? 정할 정, 빛날 환. 좋지 않으냐?”

“정환…….‘바른 사람이 되어 널리 빛나라는 뜻’이지요, 아버지? 아주 좋습니다.”

정환은 가족들의 보살핌과 사랑 속에서 남부러울 것 없이 자라났습니다. 할아버지가 쌀가게를 하고 있었으므로 정환네 집은 풍족한 생활을 할 수 있었습니다. 집도 당주동에 있는 어떤 집보다 컸으며, 나무랄 데 없이 좋았습니다.

동네 아이들은 이런 정환을 무척 부러워했습니다.

“정환아, 너는 참 좋겠다. 밥도 실컷 먹을 수 있잖아.”

“너희들은 실컷 못 먹니?”

“밥보다 죽을 먹는 날이 더 많단다. 우리는 가난해서 그렇지 뭐…….”

하지만 정환은 가난이 무엇인지 잘 알 수 없었습니다.

정환은 아이들과 함께 뛰어놀다가도 배가 출출해지면 아무 때나 가게로 들어갔습니다.

“아저씨, 저 이 과자 먹고 싶어요.”

“그래, 알았다.”

정환은 가게에서 마음에 드는 물건이 있으면 무조건 들고 나왔습니다. 그렇다고 가게 주인이 그냥 주는 것은 아니었습니다. 정환에게 먹을 것을 준 가게 주인들은 장부에다 그것을 다 적어 놓았다가 나중에 정환이 할아버지에게 돈을 받아 갔습니다.

그렇지만 정환은 가게에서 먹을 것을 가져와도 혼자 먹지 않았습니다.

“정환아, 나 좀 줘.”

“나도.”

“나도 좀 줄래?”

“알았으니까 기다려. 차례대로 줄게.”

정환은 인정이 많았기 때문에 아이들에게 인기가 좋았습니다.

정환의 집에는 식구가 많았습니다. 할아버지, 할머니, 증조할아버지, 증조할머니, 아버지, 어머니, 삼촌, 누나, 정환이 이렇게 아홉 식구나 살았으니까요.

　삼촌은 아버지 동생인데, 정환보다 두 살이 더 많았습니다. 어떤 때는 삼촌이 친구처럼 느껴지기도 했습니다. 그래서 삼촌 친구들과도 같이 놀았습니다.

　그러다 보니 정환은 자기보다 나이가 많은 형들과도 자연스럽게 어울렸습니다.

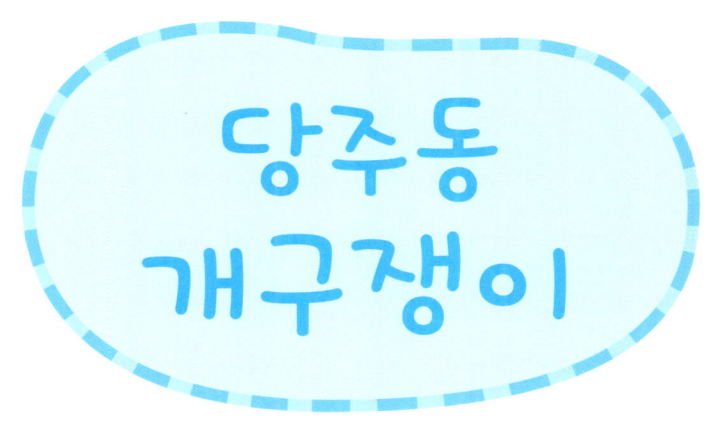

당주동
개구쟁이

정환은 얌전하고 조용한 아이는 아니었습니다. 한마디로 개구쟁이였지요. 늘 아이들과 몰려다니며 놀았는데, 언제나 대장 노릇을 했습니다. 특별하게 잘난 체하지 않아도 아이들이 잘 따랐습니다.

어느 날 정환은 밖에서 놀다가 동네 형이 참새 잡는 것을 보았습니다. 날아가는 참새를 아주 쉽게 옭아매어 잡는 게 퍽이나 신기했습니다.

"형, 되게 잘 잡는다!"

"방법을 알면 너도 잘 잡을 수 있지."

"어떤 방법인데?"

그러자 동네 형은 정환이가 들고 있는 사탕을 말없이 쳐다보았습니다.

"형, 이거 먹어."

사탕을 건네받은 동네 형은 빙그레 웃더니 말했습니다.

"너 말총이 뭔 줄 아니? 말 꼬랑지에 난 긴 털인데, 그것을 뽑아서 동그랗게 올가미를 만들면 돼. 그러고는 참새가 곧잘 앉아 있는 나무에 매 놓는 거야. 그러다가 참새가 앉으면 확 잡아당기는 거지."

그로부터 며칠 뒤의 일이었습니다. 쌀을 가득 실은 마차가 마당에 도착하자 정환은 빙그레 미소를 지었습니다. 마부는 마차에서 내리더니 말고삐를 기둥에 매어 놓고 가겟방으로 들어갔습니다.

"히히, 말총을 뽑아야지."

가만히 지켜보던 정환은 말에게 살금살금 다가갔습니다. 그러고는 말의 꼬리를 움켜쥐고는 냅다 잡아당겼습니다.

"이히히힝……."

말은 공중으로 뛰어오르며 뒷발질을 했습니다.

"으악!"

정환은 말발굽에 차여 그만 기절을 하고 말았습니다.

가겟방에서 뛰어나온 할아버지와 아버지가 급히 물을 떠다 정환의 입에 부었습니다. 정환의 손에는 몇 올의 말총이 쥐어져 있었습니다.

"말총을 뽑다 그런 게야."

할아버지는 얼른 껴안아 방으로 옮기면서도 손자가 어떻게

될까 봐 얼굴이 파랗게 질려 있었습니다.

한참 뒤 깨어난 정환은 배시시 웃더니 자리에서 일어났습니다.

"할아버지, 저 아무렇지도 않아요."

정환은 할아버지의 걱정에는 아랑곳도 하지 않고 일어나 밖으로 나오면서 소리쳤습니다.

"할아버지, 제가 참새 잡아다 드릴게요!"

천자문 공부

네 살이 된 어느 날, 할아버지가 말했습니다.

"정환아, 너도 이제 천자문을 익혀야겠다. 날마다 놀기만 하면 안 돼."

할아버지는 그날부터 직접 천자문을 가르쳤습니다.

"하늘 천, 땅 지."

"하늘 천, 땅 지."

정환은 할아버지가 가르쳐 주는 천자문을 곧잘 따라 했습니다.

그렇게 일 년쯤 지났을 무렵 정환은 천자문을 다 익혔습니다. 할아버지는 그런 손자가 자랑스러웠는지 손님이 오면 천자문을 외우게 했습니다.

"하늘 천, 땅 지⋯⋯."

정환이 또박또박 천자문을 외우면 손님들은 감탄을 하며 칭찬했습니다.

"그 녀석 제법일세. 아주 영특해."

그러면서 돈을 주었는데, 어떤 손님은 3전, 또 어떤 손님은 5전을 건넸습니다.

정환이 공부를 잘 따라 하자 할아버지는 이번엔 서당에 다니게 했습니다. 그러나 정환은 서당에 다니는 것이 재미가 없었습니다.

"할아버지, 서당 가는 것은 싫어요."

"왜 싫으냐?"

"할아버지한테 다 배운 거라 재미가 없어요."

"그래도 반복해서 배워 두면 나중에 잊을 염려도 없고 좋지

뭘그래."

  할아버지의 뜻이 그랬기 때문에 정환은 싫어도 서당에 가
야 했습니다.

  서당 선생님은 무척 엄해서 공부 시간에 딴짓을 하거나 떠
들면 엄히 꾸짖었습니다.

"정환이 이놈, 왜 책을 안 보고 딴청을 부리고 있느냐?"

"다 아는 건데 꼭 책을 봐야 하나요?"

"네 이놈, 뭘 좀 안다고 잘난 체를 하는 건 교만한 사람이나 하는 짓이다! 어서 손바닥을 내라."

정환은 서당 선생님에게 회초리를 맞고서야 책을 쳐다보았습니다.

그러던 어느 봄날이었습니다. 두 살 많은 삼촌이 다가오더니 물었습니다.

"정환아, 서당 다니는 거 재미없지?"

"응, 재미 없어."

"나도 재미없었어. 근데 신식 공부는 무척 재밌다!"

"신식? 삼촌이 다니는 학교에서는 다른 걸 배워?"

"응, 서당과 달리 보성소학교에서는 신식 공부를 가르치는데, 진짜 재밌어."

삼촌의 말을 들은 정환은 갑자기 신식 학교에 가고 싶어졌습니다.

그날 저녁, 정환은 할아버지를 마구 졸랐습니다.

"할아버지는 왜 삼촌만 신식 학교 보내 주고 난 안 보내 줘요? 삼촌은 할아버지 아들이라서 보내 주는 거지요?"

"이놈아, 그런 말이 어디 있어. 넌 아직 어리니까 안 보내는 거지."

"어리긴 뭐가 어려요. 그래 봐야 삼촌하고 두 살밖에 차이 안 나는데."

"안 돼, 글쎄."

그렇지만 그대로 물러날 정환이 아니었습니다.

다음 날 아침 일찍 일어난 정환은 삼촌보다 먼저 밖으로 나갔습니다. 그러고는 담장 밑에 몰래 숨어 있었습니다.

"음, 이러고 있다가 삼촌을 따라서 학교 구경이라도 하고 와야지."

정환은 삼촌이 대문 밖으로 나오자 뒤를 쫓아갔습니다.

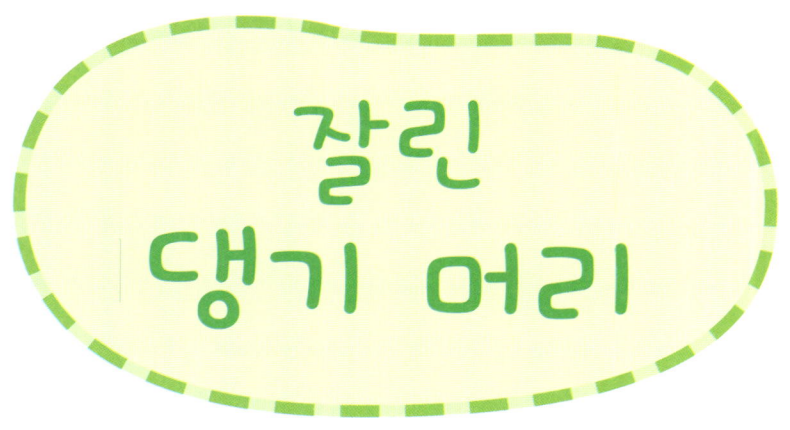

잘린 댕기 머리

그 시절에는 여자 남자 할 것 없이 머리를 기르던 때였습니다. 남자들도 긴 머리를 땋아 내려뜨리고 다녔지요. 그랬다가 결혼을 하면 상투를 틀어 올리고 갓을 썼습니다.

정환은 멀찌감치 떨어져서, 긴 댕기 머리를 팔랑거리며 삼촌 뒤를 따라갔습니다. 삼촌은 우물가 뒤쪽으로 가더니 어떤 건물 안으로 들어갔습니다. 그 건물 솟을대문(행랑채의 지붕보다 높이 솟게 지은 대문) 기둥에는 '보성소학교'라고 씌어 있었습니다.

대문 안으로 들어가자 넓은 운동장이 눈에 들어왔는데, 사람들로 북적거렸습니다. 바로 그 학교 학생들이었습니다. 댕기 머리 소년들도 있었고, 갓을 쓴 것으로 보아 결혼한 학생들도 있었습니다.

"이야, 학생들이 많네!"

그때 어디선가 종소리가 울렸습니다.

"땡땡땡……."

운동장에 있던 학생들이 우르르 안으로 들어갔습니다.

'공부하러 들어오라고 종을 치는 것인가 봐.'

정환은 그런 생각을 하며 한 교실을 기웃거렸습니다. 까치발을 하고 교실을 보니 학생들이 모두 줄을 맞춰 책상 앞에 앉아 있었습니다.

'와아, 재밌겠다!'

선생님은 칠판에 숫자를 써 놓았습니다. 그것이 무엇인지 알 수는 없었지만, 학생들이 깔깔 웃는 것으로 봐서 무척 재미있는 공부 같았습니다.

정환은 이 교실 저 교실을 돌아보느라 시간 가는 줄도 몰랐습니다. 한참 동안 교실을 기웃거리던 정환은 점심때가 지났는지도 모른 채 돌멩이로 바닥에 그림을 그리며 놀았습니다.

그때 누군가 말을 걸어왔습니다.

"넌 누군데 여기 있느냐?"

소학교 교장 선생님이었습니다. 조금 전, 운동장에서 학생들에게 연필과 종이를 나눠 주는 것을 보았기에 짐작할 수 있었습니다.

"삼촌이 이 학교에 다니고 있어서 구경 왔어요."

"그래? 몇 살이지?"

"일곱 살이에요."

교장 선생님은 정환을 빤히 쳐다보았습니다.

"영특하고 귀엽게 생겼구나. 너도 이 학교에 다니고 싶은 게로구나."

"네, 다니고 싶어요."

"그래? 그럼 오너라. 대신 머리를 깎아야 하는데, 괜찮겠느

냐?"

정환은 학교에 다닐 수만 있다면 머리쯤은 아무것도 아니라고 여겼습니다. 그래서 냉큼 대답을 했습니다.

"깎을래요."

정환의 대답을 들은 교장 선생님은 빙그레 웃더니 정환을 안아 인력거에 태웠습니다.

"우리 집으로 가자."

교장 선생님은 집에 들어가자 일꾼에게 가위를 가져오라고 했습니다.

"어서 이 아이의 댕기 머리를 잘라 주게."

가위를 가져온 일꾼이 정환의 댕기 머리를 쏭덩 잘랐습니다. 그러고는 머리 깎는 기계로 짧게 밀었습니다. 긴 머리카락이 정환의 발 밑으로 뚝뚝 떨어졌습니다.

머리를 다 깎자 교장 선생님은 울긋불긋 테를 두른 모자를 정환의 머리에 씌워 주었습니다. 그리고 잘린 댕기 머리를 정환에게 주었습니다.

“이것은 네 머리를 자른 것이니 가지고 가거라.”

정환을 본 식구들은 눈이 휘둥그레졌습니다.

“머리 어디 갔느냐? 아니, 어떤 놈이 우리 손자 머리를 이렇게 잘랐어?”

할아버지는 물론 증조할아버지, 증조할머니, 할머니가 기가 막힌 듯 눈물을 글썽이며 바라보았습니다. 아파서 누워 있던 어머니까지 일어나 걱정을 했습니다.

“네 이놈, 누가 맘대로 머리를 자르라고 하더냐? 어서 종아리 걷지 못할까!”

할아버지는 크게 역정을 내시며 정환의 종아리를 세게 쳤습니다.

증조할머니와 할머니는 잘린 머리카락을 붙들고 밤새 눈물을 흘렸습니다.

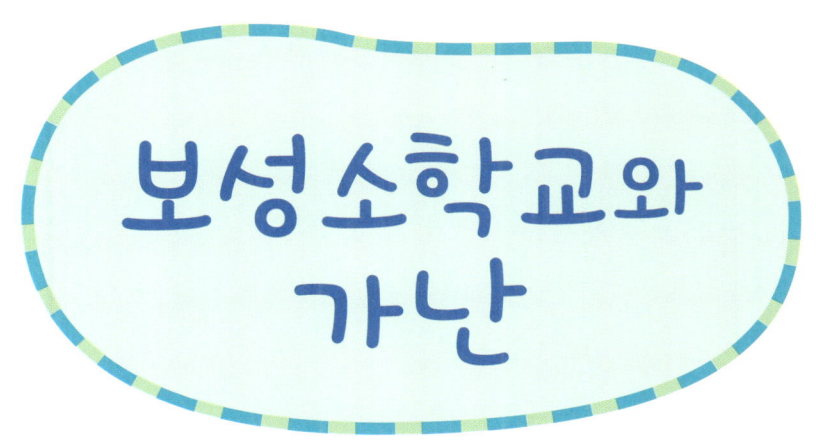

보성소학교와 가난

정환은 보성소학교 유치반에 들어가 공부를 하게 되었습니다. 정환은 소학교에서 나이가 제일 어린 학생이었습니다.

유치반에서는 신식 공부도 했지만, 천자문도 배웠습니다. 그런데 천자문은 너무 잘 아는 것이라서 정환은 같은 반 학생들보다

훨씬 잘했습니다.

"이 녀석, 아주 똑똑한걸."

선생님은 공부 잘하는 정환을 무척 귀여워했습니다. 그것은 학생들도 마찬가지였습니다. 같은 반이라도, 결혼을 한 늙은 학생들도 많았기 때문에 마치 자식처럼 대해 주기도 했습니다. 하루하루가 즐겁고 재미있었습니다.

정환이 아홉 살 되던 해였습니다. 쌀가게를 하던 할아버지가 빚을 많이 지게 되어 갑자기 집안 형편이 어려워졌습니다. 가게는 물론 살던 집까지 빚에 넘어가게 되자 이사를 했습니다. 새로 이사 온 데는 다 쓰러져 가는 오막살이였습니다.

밥을 마음대로 먹을 수도 없었고, 가게 가서 무엇을 사 먹을 수도 없었습니다. 아침에는 대부분 콩나물죽을 먹어야 했습니다. 그런 만큼, 학교에 도시락을 싸 갈 형편이 안 되었습니다.

"어머니, 저도 도시락 좀 싸 주세요."

"미안하구나. 그러고 싶지만 오늘은 어쩔 수가 없어."

"싸 주세요, 어머니."

정환은 친구들이 점심 도시락을 먹는 시간이면 혼자 화장실 뒤에 가서 앉아 있는 게 너무도 부끄러웠습니다. 그래서 계속 보채면 어머니는 눈물을 흘리며 회초리로 때렸습니다.

그러던 어느 날이었습니다. 학교에서 돌아오자 어머니가 기쁜 소식을 알려 주었습니다.

"내일부터는 야주개에 사는 고모할머니가 네 도시락을 싸 주시기로 했단다. 그러니까 빈 도시락을 가지고 고모할머니 댁에 들러 학교에 가거라."

정환은 도시락을 쌀 수 있다는 게 무척 기뻤습니다.

고모할머니는 정환이가 가지고 간 빈 도시락에 밥을 꾹꾹 눌러 퍼 주었습니다.

같은 반 학생들 틈에 끼어 도시락을 먹을 때는 밥맛이 참으로 좋았습니다. 가끔은 싸 오지 못하는 날도 있었는데, 고모할아버지 때문이었습니다.

고모할아버지는 말도 많고 까다로운 사람이었습니다. 그래서 고모할머니는 고모할아버지가 밖에 안 나가고 집에 있는 날 아침에는 도시락을 싸 주지 못했습니다. 고모할아버지의 눈치를 볼 수밖에 없었던 것입니다.

그런 날은 또 화장실 뒤에 혼자 앉아 있어야 했습니다. 어릴 적에는 몰랐지만, 비로소 가난이 무엇인지 너무도 잘 알게 되었습니다.

정환은 학교에서 돌아오면 꼭 해야 할 일이 있었는데, 물을 길어 오는 것이었습니다.

우물가에서 집까지 석유통에 물을 길어 오는 것은 참으로 힘들었습니다.

"아이, 추워! 발은 시리고, 귀는 떨어질 것 같아."

정환은 추운 겨울이면 시린 손을 호호 불고, 중간에 여러 번 쉬어 가면서 물통을 들고 왔습니다.

게다가 한 달에 여덟 번쯤은 아는 집으로 쌀을 꾸러 가야 했습니다.

"정환아, 학교에서 돌아오는 길에 아주머니한테 가서 쌀 좀 꾸어 달라고 해라."

정환은 쌀을 꾸러 가야 하는 날에는 학교에 있는 동안 공부가 잘 되지 않았습니다.

'휴, 정말 가기 싫어…….'

아쉬운 소리를 하는 것이 너무도 창피했기 때문입니다.

어떤 날은 아주머니네 집 앞에서 한참을 망설이다 그냥 돌아오기도 했습니다. 그런 날에는 할 수 없이 어머니께 거짓말을 했습니다.

"아주머니네도 쌀이 떨어졌대요."

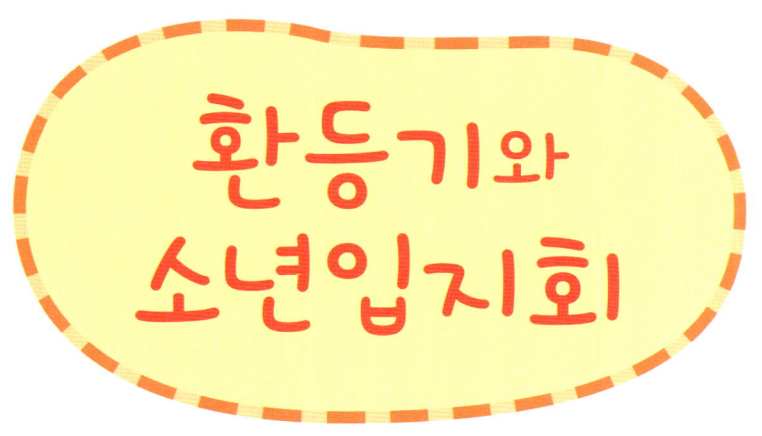

환등기와 소년입지회

　가난에 허덕이던 정환의 집에 하루는 어떤 미술가 한 분이 찾아왔습니다.

　"저에게 정환을 양자로 주시면 어떨지요."

　할아버지는 말도 안 되는 소리라며 손사래를 쳤습니다.

　"그건 안 됩니다. 아무리 가난해도 장손을 남의 집 양자로 보낼 수는 없어요."

　실망스럽다는 얼굴을 하던 미술가는 정환에게 무언가를 내밀며 말했습니다.

"뜻은 잘 알겠습니다. 그렇지만 선물은 줘도 되겠지요?"

미술가가 정환에게 선물로 준 것은 환등기였습니다. 환등기는 사진이나 그림에 빛을 비추어서 크게 확대시켜 보는 것이었습니다. 그러나 오늘날의 영화처럼 움직이는 것은 아니었습니다.

"감사합니다. 정말 고맙습니다."

정환은 자기네 집이 좁아 고모할머니 댁에서 환등기를 보았습니다. 동네 아이들도 불러 보여 주었습니다. 그러자 삽시간에 소문이 났습니다.

"정환이가 요술 상자를 가지고 있다며? 그리고 변사처럼 이야기도 해 준대."

소문에 따라 아이들이 자꾸만 몰려들었는데, 나중에는 어른들까지 찾아왔습니다. 정환은 화면에 떠오르는 그림을 보면서 적당하게 이야

기를 꾸며 변사처럼 말을 했습니다.

"그 녀석 말솜씨가 보통이 아냐."

마을 사람들은 하나같이 정환의 이야기 솜씨에 감탄했습니다.

방정환 묘비 | 망우리 공동묘지에 있습니다.

정환은 또 친구들을 모아 '소년입지회'라는 모임도 만들었습니다. 소년들끼리 모여 어떤 주제를 놓고 토론하는 모임이었습니다.

"오늘은 장님이 좋은지, 벙어리가 좋은지, 자신의 생각을 말하기로 해."

소년입지회 회장인 정환은 고된 일을 하면서도 이런 토론을 무척 좋아했습니다. 정환은 이런 모임을 통해서 남의 말에 귀를 기울여 듣는 법을 배웠습니다. 그러면서 서서히 생각이 많은 아이로 자랐습니다. 가난했지만 열심히 공부했고, 부지런히 일했습니다.

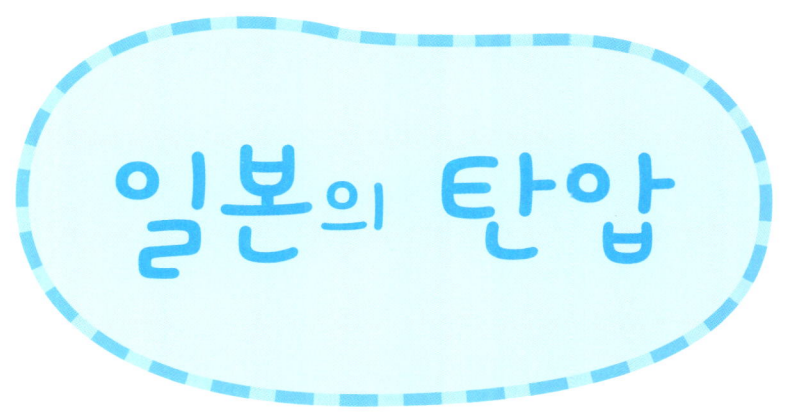

일본의 탄압

1910년, 그러니까 정환의 나이가 열두 살이 되던 해였습니다. 우리나라는 일본에 강제로 나라를 빼앗기고 말았습니다. 정환과 소년입지회 회원들은 그것이 너무 분해 소리내어 울었습니다.

세월이 흘러 정환은 미동보통학교(지금의 초등학교)를 졸업했습니다. 그러나 어려운 집안 형편 탓에 중학교에 갈 수가 없었습니다. 그저 집안일을 도우며 하루하루를 보낼 수밖에 없었습니다.

"정환아, 그래도 장손인데 학교는 가야 하지 않겠느냐?"

정환은 아버지의 뜻에 따라 선린상업학교에 입학했습니다. 그러나 졸업을 하지 못한 채 학교를 그만두게 되었습니다. 인쇄소에 다니는 아버지의 월급이 제대로 나오지 않은데다가 어머니의 병환이 점점 악화되었기 때문이었습니다.

할 수 없이 학교를 그만둔 정환은 토지 조사국에 취직했습니다. 정환은 노동자들과 숙식을 함께하며 고된 나날을 보냈습니다. 그렇지만 결코 손에서 책을 놓지 않았습니다.

그때 우리나라에는 『청춘』이라는 잡지가 있었습니다. 정환이가 써서 보낸 글이 뽑혀 그 잡지에 실렸습니다. 정환은 참으로 기뻤습니다.

"앞으로 더 많은 글을 써야겠어."

정환은 어느새 열아홉 살 청년이 되었습니다.

하루는 권병덕이라는 분이 찾아와 말했습니다.

"자네, 나와 함께 일해 보지 않겠나? 나라에 도움이 되는 일일세."

독립운동을 하고자 뜻을 모으는 손병희 선생님과 함께 일하는 사람이었습니다. 정환은 얼른 좋다고 대답했습니다.

얼마 지나지 않아 정환은 손용화라는 아가씨와 결혼을 했습니다. 아내 손용화는 손병희 선생님의 딸이었습니다.

"가진 것도 없이 고생만 시킬지도 모르겠으나, 내가 노력하리다."

그런데 결혼한 지 한 달도 채 안 되었을 때 그만 어머니가 세상을 떠나고 말았습니다. 정환은 고생만 하다가 돌아가신 어머니를 생각해서라도 잘살아야겠다고 마음먹었습니다.

'나라가 잘돼야 나도 잘된다. 나라가 잘되려면 나라를 위하는 모임이 필요해.'

이렇게 생각한 정환은 곧 '청년 구락부'라는 모임을 만들었습니다. 처음에는 몇 사람 되지 않았지만, 얼마 지나지 않아서 200여 명으로 늘어났습니다.

"우리 연극 한번 만들어 봅시다."

정환은 회원들과 힘을 합쳐 공연을 준비했습니다.

「동원령」이라는 연극이었는데, 착한 사람들이 일본 사람들에게 시달리다가 고향을 떠난다는 이야기였습니다. 이런 내용으로 연극을 꾸민 것은, 일본 사람들의 못된 짓을 널리 알리고, 힘을 모아 나라를 되찾자는 뜻을 펼치기 위해서였습니다.

정환은 보성전문학교(지금의 고려대학교)에 입학하여 공부를 계속했습니다.

'남을 가르치려면 내가 먼저 배워야 해.'

보성전문학교 윤익선 교장 선생님이 일본 경찰에 잡혀 감옥에 가게 되었습니다. 「독립신문」을 만들어서 일본의 못된 짓에 대해 알렸기 때문이었습니다.

정환은 분통이 터졌습니다. 그래서 결심했습니다.

'「독립신문」을 계속 만들고 말 테다.'

정환은 일본 경찰의 눈을 피해 집에서 등사판(인쇄기)을 밀었습니다. 신문을 찍는 것이었습니다. 이 일은 인쇄소에서 일한 적이 있던 아버지가 도왔습니다.

　새벽이면 학생들과 함께 집집마다 돌며 신문을 넣었습니다. 이 일로 정환은 경찰에 끌려가 모진 고문을 받았습니다.

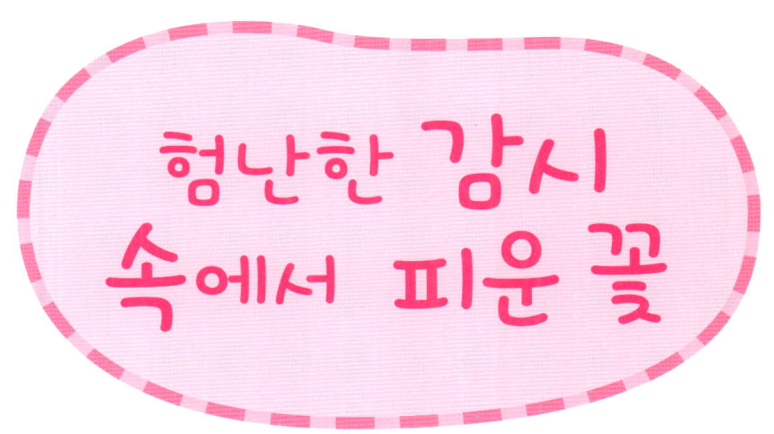

험난한 감시 속에서 피운 꽃

감옥에서 풀려난 방정환은 손병희 선생님을 찾아갔습니다.

"선생님, 일본 유학을 다녀와야겠어요. 일본을 이기려면 무엇보다 일본에 대해 알아야 하지 않겠습니까?"

"그래, 암 그래야지!"

일본으로 유학을 떠난 방정환은 동양대학 철학과에서 아동 문학과 아동 심리학에 대해 공부했습니다.

'맞아. 나라를 찾으려면 아이들을 잘 길러야 한다. 아이들은 이 나라의 기둥이야.'

방정환은 일본과 우리나라를 오가며 아이들에 관한 일을 했습니다. 그러나 일본 형사들이 늘 따라다니며 감시를 했기 때문에 보통 어려운 일이 아니었습니다. 기차를 타고 다닐 때나 집에 있을 때나, 형사들의 눈초리는 방정환을 떠나지 않았습니다. 하지만 그런 것을 두려워할 방정환이 아니었습니다.

방정환은 감시하는 형사를 방으로 불러들였습니다.

"이보시오. 거기 그렇게 있지 말고 들어와 차 한잔 하시오. 피곤이 좀 풀릴 겁니다."

방정환은 세계 명작 동화를 사다가 우리말로 옮겨 책으로 펴냈습니다. 『사랑의 선물』이라는 책이 바로 그것입니다. 이 책을 손에 쥔 아이들은 밤이 새는 줄 모르고 읽었습니다.

당시는 아이들이 대접을 못 받던 시절이었습니다. 방정환은 아이들을 위한 일에 발 벗고 나섰습니다. 아해, 아들, 이놈, 저놈, 아이, 새끼 따위로 아이들을 부르던 그때, 방정환은 '어린이'라고 높여 부르자고 주장했습니다.

방정환은 어린이라는 말을 널리 퍼뜨리기 위해 1923년에

『어린이』라는 잡지를 만들었습니다. 그리고 여기에 아이들이 읽을 동화, 동요, 동극, 역사 이야기, 훈화 등을 실었습니다. 방정환은 틈만 나면 어린이를 잘 받들어야 한다고 입버릇처럼 말했습니다.

"여러분, 어린이들에게 존댓말을 씁시다. 존대받고 자란 어린이는 남을 존대할 줄 알고, 멸시받고 자란 어린이는 남을

업신여기는 어린이가
될 것입니다.”

방정환은 도쿄에
유학 중이던 조재호,
윤극영, 진장섭, 손진
태, 고한승, 정병기,
정순철, 마해송, 정인

색동회 | 어린이를 위한 여러 가지 일을 맡아 하는 색동회가 창립 60돌을 맞아 이를 기념하는 잔치를 벌이고 있습니다.

섭, 이헌구 등과 만나 ‘어린이를 잘 키워 나라를 찾게 하자.’
는 뜻을 내보이고, 모임을 만들기로 했습니다.

“모임 이름으로 색동회가 어떻습니까?”

“어린아이의 색동저고리에서 이름을 딴 색동회. 좋아요!”

이렇게 탄생한 ‘색동회’는 어른들이 어린이들에게 관심을
갖게 하려는 뜻도 있었습니다.

색동회 회원들은 5월 1일을 ‘어린이날’로 정하고, 기념 잔치
를 마련했습니다. 이날 나누어 준 전단에는 다음과 같은 내용
이 담겨 있었습니다.

오늘이 어린이날, 희망의 새 명절입니다. …돋는 해와 지는 해를 반드시 보기로 합시다. 그리고 우리들의 희망은 오직 한 가지, 어린이를 잘 키우는 데 있을 뿐입니다. 다 같이 내일을 살리기 위하여 이 몇 가지를 실행합시다.

- 어린이는 어른보다 더 새로운 사람입니다.
- 어린이를 어른보다 더 높게 대접하십시오.
- 어린이를 결코 욱박지르지 마십시오.
- 어린이의 생활을 항상 즐겁게 해 주십시오.
- 어린이를 항상 칭찬해 가며 기르십시오.
- 어린이의 몸을 자주 주의해 보십시오.
- 어린이에게 잡지를 자주 읽히십시오.

희망을 위하여 내일을 위하여 다 각각 어린이를 잘 키웁시다.

이 행사는 일본의 훼방으로 중단되었다가, 광복 이듬해인 1946년 5월 5일 다시 기념식을 가졌습니다.

방정환은 전국을 돌아다니며 아이들에게 「백설 공주」 같은

잡지 『어린이』와 『학생』 | 소년 소녀 잡지 『어린이』 4월호(개벽사, 1926)와 방정환이 편집 겸 발행인으로 창간한 중학생 잡지 『학생』 창간호(1929)입니다.

동화를 들려주었습니다. 방정환은 곧 '이야기 박사'로 불렸습니다.

"정말 이야기 박사야. 나도 모르게 눈물이 쏟아지네."

방정환의 이야기 솜씨는 일본 경찰들에게도 소문이 났습니다. 방정환을 체포하러 왔던 어떤 경찰은 이야기를 듣다가 눈물을 흘리기도 했습니다.

1928년에는 방정환이 오랫동안 계획했던 '세계 아동 예술 전람회'가 열렸습니다. 전람회장은 전국에서 밀려든 사람들로 시장터 같았습니다. 방정환은 눈물을 흘렸습니다. 한국 소년 교육 운동의 최대 결실로 일컬어진 이 행사를, 수많은 사람들이 안 될 일이라고 말렸는데, 결국 성공적으로 이끌었기 때문이었습니다.

그런데 어린이들에게 참으로 슬픈 일이 벌어졌습니다. 몸이 뚱뚱했던 방정환은 어느 날, 땀을 많이 흘리고 코피를 쏟으며 쓰러져 병원에 입원했습니다.

그러고는 끝내 건강을 회복하지 못하고, 1931년 7월 23일 서른셋의 젊은 나이로 눈을 감았습니다.

"하던 일을 다 못 하고 가는구나. 우리 어린이들을 어찌해!"

방정환이 남겨 놓은 「형제별」이라는 시에서처럼 이 땅의 큰 별 하나가 사라지고 만 것입니다.

날 저무는 하늘에 별이 삼 형제

반짝반짝 정답게 지내더니

웬일인지 별 하나 보이지 않고

남은 별만 둘이서 눈물 흘리네. 🌼

연 대	발 자 취
1899년(1세)	서울 야주개(지금의 당주동)에서 방경수의 장남으로 태어나다.
1905년(7세)	보성소학교 유치부에 입학하다.
1908년(10세)	어린이 토론회인 '소년입지회'를 만들어 여러 가지 문제에 대하여 토론을 하며 생각을 넓혀 가다.
1910년(12세)	매동보통학교 2학년 때 미동보통학교로 옮기다. 미동보통학교를 졸업하고 선린상업학교에 입학했으나, 2학년 때인 1914년(16세)에 집안 사정으로 중퇴하다.
1917년(19세)	독립운동가 손병희의 셋째 딸 손용화와 결혼하다. 어머니가 병으로 세상을 떠나다. 비밀 결사 단체인 '청년 구락부'를 만들어 독립운동의 뜻을 펼치다.
1919년(21세)	3·1운동이 일어난 직후 「독립신문」을 등사판으로 찍어 집집마다 돌리다가 경찰서에 연행되다.
1920년(22세)	일본 동양대학 철학과에 입학하여 아동 문학과 아동 심리학을 공부하다. '어린이'라는 말을 처음 사용하다.
1922년(24세)	'어린이날'을 제정하고, 번안 동화집 『사랑의 선물』을 펴내다.
1923년(25세)	『어린이』 잡지를 창간하여 '어린이'라는 말을 널리 전하고, 우리나라 최초의 어린이 문화 운동 단체인 '색동회'를 발족시키다. 처음으로 '어린이날' 기념 잔치를 열다.
1928년(30세)	소년 교육 운동의 최대 결실로 일컬어진 '세계 아동 예술 전람회'를 개최하다.
1929년(31세)	고혈압으로 모든 활동을 중지하다.
1931년(33세)	7월 23일 세상을 떠나다.

1. 방정환이 1923년에 만든 우리나라 최초의 어린이 문화 운동 단체는 무엇인가요?

2. 다음 보기 글에서 설명하는 사건은 무엇인가요?

1910년, 그러니까 정환의 나이가 열두 살이 되던 해였습니다. 우리나라는 일본에 강제로 나라를 빼앗기고 말았습니다. 정환과 소년입지회 회원들은 그것이 너무 분해 소리 내어 울었습니다.

3. 보성전문학교에 다니던 방정환이 경찰에 끌려가 고문을 받은 것은 무엇을 만들었기 때문인가요?

4. 다음 보기 글의 뜻을 한 줄로 간추리고, 그에 대한 자신의 생각을 써 보세요.

"여러분, 어린이들에게 존댓말을 씁시다. 존대받고 자란 어린이는 남을 존대할 줄 알고, 멸시받고 자란 어린이는 남을 업신여기는 어린이가 될 것입니다."

5. '가난'이 무엇인지 이해할 수 없었던 방정환은 집안 형편이 어려워지자 비로소 '가난'에 대해 깨닫게 됩니다. 여러분은 훗날 어른이 되었을 때, 이에 대해 자신의 자녀에게 어떤 자세를 가지라고 말하고 싶은가요?

6. 다음 보기 글을 읽고, '교만'에 대해 직접 겪은 바를 바탕으로 자신의 생각을 말해 보세요.

서당 선생님은 무척 엄해서 공부 시간에 딴짓을 하거나 떠들면 엄히 꾸짖었습니다.

"정환이 이놈, 너는 왜 책을 안 보고 딴청을 부리고 있느냐?"

"다 아는 건데 꼭 책을 봐야 하나요?"

"네 이놈, 뭘 좀 안다고 잘난 체를 하는 건 교만한 사람이나 하는 짓이다! 어서 손바닥을 내라."

정환은 서당 선생님에게 회초리를 맞고서야 책을 쳐다보았습니다.

7. 방정환이 어린이들을 잘 길러야 나라를 되찾을 수 있다고 생각한 까닭을 써 보세요.

1. 색동회

2. 경술국치

3. 독립신문

4. 예시 : 어린이들을 존중해 줌으로써 다른 사람을 존대할 줄 아는 사람으로 만들자는 것이다. 방정환은 아무리 어리더라도 한 인간으로 인정하고 존중해 주면 어른이 되어서도 자신이 소중한 존재라고 생각할 것으로 여겼다. 그리고 자신이 존중받았듯이 다른 사람도 존중하며 소중하게 여길 수 있는 마음이 우러날 것이라고 믿었다. 이런 사람이 한 명, 두 명 모이면 이 세상은 좀 더 살기 좋고 서로를 생각해 주는 밝은 세상이 될 것이라고 생각한다.

5. 예시 : 이 세상에는 돈이 많은 사람만 있는 것은 아니라고 말해 줄 것이다. 또 가난하게 살지라도 그들이 부지런하지 않거나 똑똑하지 않아서가 아니라, 돈을 벌기 어려운 어쩔 수 없는 사정이 있었을지도 모른다고 가르칠 것이다. 그렇기 때문에 돈을 많이 벌게 된다면 가난한 사람을 도와야 한다고 일러 주겠다. 자신이 그 자리에 서기까지 알게 모르게 힘이 되어 준 사람들에게 베푸는 것이 부자가 할 일이라는 생각을 심어 줄 것이다.

6. 예시 : 서당 선생님의 말씀이 맞는 것 같다. 조금밖에 모르면서도 많이 아는 것처럼 말하는 아이들이 있다. 또한 공부를 잘한다는 것만으로 자기가 최고라고 여기는 아이들도 있다. 그런 아이들은 항상 먼저 나서서 자기가 더 많이 아는 듯 행동한다. 잘난 체하며 다른 사람을 무시하는 아이에게는 친구가 많지 않다. 교만한 사람을 진정으로 똑똑한 사람이라고 할 수는 없을 것이다. 이 세상 누구에게도 배울 점이 있다는 것을 깨달아야 할 것이다.

7. 예시 : 방정환은 앞으로 나라를 짊어질 사람은 지금 한창 자라나고 있는 어린이라고 생각했다. 세상을 움직이는 어른들도 열심히 노력해야 하지만, 앞으로 더욱 발전하려면 어린이의 역할이 더 크다고 여겼기 때문일 것이다. 그런 까닭에 아이들을 나라의 기둥이라고 말하는 것 같다. 방정환도 그런 뜻에서, 나라를 찾으려면 어린이 교육에 힘써야 한다는 믿음을 가졌다.

역사 속에 숨은 위인을 만나 보세요!

한국사 (위쪽)

광개토 태왕	(374~412)
을지문덕	(?~?)
연개소문	(?~666)
김유신	(595~673)
대조영	(?~719)
장보고	(?~846)
왕건	(877~943)
강감찬	(948~1031)
최무선	(1328~1395)
황희	(1363~1452)
세종 대왕	(1397~1450)
장영실	(?~?)
신사임당	(1504~1551)
이이	(1536~1584)
허준	(1539~1615)
유성룡	(1542~1607)
한석봉	(1543~1605)
이순신	(1545~1598)
오성과 한음	(오성 1556~1618 / 한음 1561~1613)

- 고조선 건국 (B.C. 2333)
- 철기 문화 보급 (B.C. 300년경)
- 고조선 멸망 (B.C. 108)
- 고구려 불교 전래 (372)
- 신라 불교 공인 (527)
- 고구려 살수 대첩 (612)
- 신라 삼국 통일 (676)
- 대조영 발해 건국 (698)
- 장보고 청해진 설치 (828)
- 견훤 후백제 건국 (900)
- 궁예 후고구려 건국 (901)
- 왕건 고려 건국 (918)
- 귀주 대첩 (1019)
- 윤관 여진 정벌 (1107)
- 고려 강화로 도읍 옮김 (1232)
- 개경 환도, 삼별초 대몽 항쟁 (1270)
- 문익점 원에서 목화씨 가져옴 (1363)
- 최무선 화약 만듦 (1377)
- 조선 건국 (1392)
- 훈민정음 창제 (1443)
- 임진왜란 (1592~1598)
- 한산도 대첩 (1592)
- 허준 동의보감 완성 (1610)
- 병자호란 (1636)
- 상평통보 전국 유통 (1678)

시대 구분 (중앙)

B.C.	선사 시대 및 연맹 왕국 시대	A.D. 삼국 시대	698 남북국 시대	918	고려 시대	1392

2000	500	400	300	100	0	300	500	600	800	900	1000	1100	1200	1300	1400	1500	1600

B.C.	고대 사회	A.D. 375	중세 사회	1400

세계사 (아래쪽)

- 중국 황하 문명 시작 (B.C. 2500년경)
- 인도 석가모니 탄생 (B.C. 563년경)
- 알렉산더 대왕 동방 원정 (B.C. 334)
- 크리스트교 공인 (313)
- 게르만 민족 대이동 시작 (375)
- 로마 제국 동서로 분열 (395)
- 수나라 중국 통일 (589)
- 이슬람교 창시 (610)
- 수 멸망 당나라 건국 (618)
- 러시아 건국 (862)
- 거란 건국 (918)
- 송 태종 중국 통일 (979)
- 제1차 십자군 원정 (1096)
- 테무친 몽골 통일 칭기즈 칸이 됨 (1206)
- 원 제국 성립 (1271)
- 원 멸망 명 건국 (1368)
- 잔 다르크 영국군 격파 (1429)
- 구텐베르크 금속 활자 발명 (1450)
- 코페르니쿠스 지동설 주장 (1543)
- 도요토미 히데요시 일본 통일 (1590)
- 독일 30년 전쟁 (1618)
- 영국 청교도 혁명 (1642~1649)
- 뉴턴 만유인력의 법칙 발견 (1665)

- 석가모니 (B.C. 563?~B.C. 483?)
- 예수 (B.C. 4?~A.D. 30)
- 칭기즈 칸 (1162~1227)

한국 인물

정약용 (1762~1836)
김정호 (?~?)
주시경 (1876~1914)
김구 (1876~1949)
안창호 (1878~1938)
안중근 (1879~1910)
우장춘 (1898~1959)
유관순 (1902~1920)
방정환 (1899~1931)
윤봉길 (1908~1932)
이중섭 (1916~1956)
백남준 (1932~2006)
이태석 (1962~2010)

한국 사건

이승훈 천주교 전도 (1784)
최제우 동학 창시 (1860)
김정호 대동여지도 제작 (1861)
강화도 조약 체결 (1876)
지석영 종두법 전래 (1879)
갑신정변 (1884)
동학 농민 운동, 갑오 개혁 (1894)
대한 제국 성립 (1897)
을사조약 (1905)
헤이그 특사 파견, 고종 퇴위 (1907)
한일 강제 합방 (1910)
3·1 운동 (1919)
어린이날 제정 (1922)
윤봉길·이봉창 의거 (1932)
8·15 광복 (1945)
대한민국 정부 수립 (1948)
6·25 전쟁 (1950~1953)
10·26 사태 (1979)
6·29 민주화 선언 (1987)
서울 올림픽 개최 (1988)
북한 김일성 사망 (1994)
의약 분업 실시 (2000)

시대 구분

조선 시대 | 1876 개화기 | 1897 대한 제국 | 1910 일제 강점기 | 1948 대한민국

1700 1800 1850 1860 1870 1880 1890 1900 1910 1920 1930 1940 1950 1970 1980 1990 2000

근대 사회 | 1900 현대 사회

세계 사건

미국 독립 선언 (1776)
프랑스 대혁명 (1789)
청·영국 아편 전쟁 (1840~1842)
미국 남북 전쟁 (1861~1865)
베를린 회의 (1878)
청·프랑스 전쟁 (1884~1885)
청·일 전쟁 (1894~1895)
헤이그 평화 회의 (1899)
영·일 동맹 (1902)
러·일 전쟁 (1904~1905)
제1차 세계 대전 (1914~1918)
러시아 혁명 (1917)
세계 경제 대공황 시작 (1929)
제2차 세계 대전 (1939~1945)
태평양 전쟁 (1941~1945)
국제 연합 성립 (1945)
소련 세계 최초 인공위성 발사 (1957)
제4차 중동 전쟁 (1973)
소련 아프가니스탄 침공 (1979)
미국 우주 왕복선 콜럼비아호 발사 (1981)
독일 통일 (1990)
유럽 11개국 단일 통화 유로화 채택 (1998)
미국 9·11 테러 (2001)

세계 인물

워싱턴 (1732~1799)
페스탈로치 (1746~1827)
모차르트 (1756~1791)
나폴레옹 (1769~1821)
링컨 (1809~1865)
나이팅게일 (1820~1910)
파브르 (1823~1915)
노벨 (1833~1896)
에디슨 (1847~1931)
가우디 (1852~1926)
라이트 형제 (형, 윌버 1867~1912 / 동생, 오빌 1871~1948)
마리 퀴리 (1867~1934)
간디 (1869~1948)
아문센 (1872~1928)
슈바이처 (1875~1965)
아인슈타인 (1879~1955)
헬렌 켈러 (1880~1968)
테레사 (1910~1997)
만델라 (1918~2013)
마틴 루서 킹 (1929~1968)
스티븐 호킹 (1942~2018)
오프라 윈프리 (1954~)
스티브 잡스 (1955~2011)
빌 게이츠 (1955~)

2023년 5월 25일 2판 5쇄 **펴냄**
2013년 11월 25일 2판 1쇄 **펴냄**
2008년 4월 30일 1판 1쇄 **펴냄**

펴낸곳 (주)효리원
펴낸이 윤종근
글쓴이 유효진 · **그린이** 장종균
사진 제공 중앙포토, 연합뉴스
등록 1990년 12월 20일 · **번호** 2-1108
우편 번호 03147
주소 서울시 종로구 삼일대로 457, 406호
전화 02)3675-5222 · **팩스** 02)765-5222

잘못 만들어진 책은 구입하신 서점에서 바꾸어 드립니다.
ISBN 978-89-281-0312-6 64990

이메일 hyoreewon@hyoreewon.com
홈페이지 www.hyoreewon.com